문학과지성 시인선 254

풍경 뒤의 풍경

최하림 시집

문학과지성사에서 펴낸 최하림의 시집

작은 마을에서(1982)
속이 보이는 심연으로(1991)
굴참나무숲에서 아이들이 온다(1998)
최하림 시전집(2010)
우리들을 위하여(2025, 시인선R)

문학과지성 시인선 254
풍경 뒤의 풍경

초판 1쇄 발행 2001년 7월 5일
초판 6쇄 발행 2025년 11월 25일

지 은 이 최하림
펴 낸 이 이광호
펴 낸 곳 ㈜문학과지성사
등록번호 제1993-000098호
주   소 04034 서울 마포구 잔다리로7길 18(서교동 377-20)
전   화 02)338-7224
팩   스 02)323-4180(편집) 02)338-7221(영업)
전자우편 moonji@moonji.com
홈페이지 www.moonji.com

ⓒ 최하림, 2001. Printed in Seoul, Korea

ISBN 89-320-1261-X 02810

이 책의 판권은 지은이와 ㈜문학과지성사에 있습니다.
양측의 서면 동의 없는 무단 전재 및 복제를 금합니다.

이 책은 한국문예진흥원 창작지원금을 받아 출간되었습니다.

문학과지성 시인선 254
풍경 뒤의 풍경
최하림

2001

시인의 말

여섯번째
시집을 낸다.
한결 몸이 가볍고
부끄럽다.

2001년 6월
최하림

풍경 뒤의 풍경
차례

▨ 시인의 말

제1부
가을날에는 / 9
빈집 / 10
다시 빈집 / 12
바람이 이는지 / 14
버들가지들이 얼어 은빛으로 / 16
이제는 날개도 보이지 않고 날아가는 새여
썩둑썩둑 시간을 자르며 나는 가리니 / 17
다시 구천동으로 / 18
갈마동에 가자고 아내가 말한다 / 20
겨울 갈마동 일기 / 22
달 / 23
오늘 밤에도 당신은 / 24
어디로? / 26

제2부
가을의 속도 / 29
저녁 예감 / 30
겨울 내소사로 / 31
수천의 새들이 날갯짓을 하면서 / 32

의자 / 34
호탄리 詩篇 / 36
함티 가는 길 / 38
손 / 40
전화 벨이 운다 / 42
한밤중 / 43
바람이 대숲으로 빠져나간 뒤 / 44
물 그림자 위로 / 45

제3부
나는 다리 위에 있다 / 49
싸락눈처럼 반짝이면서 / 50
마애불이 돌 속으로 들어간다 / 52
겨울 월광 / 54
불국사 회랑 / 56
겨울 내몽고 1 / 57
겨울 내몽고 2 / 58
포플러들아 포플러들아 / 59
마애불을 생각하며 / 60
雨水 / 61

제4부
억새풀들은 그들의 소리로 / 65
겨울이면 배고픈 까마귀들이 / 66
동강에서 / 68
나는 뭐라 말해야 할까요? / 69

햇빛 한 그릇 / 70
봄 길 / 72
가을의 집 / 73
첫 시집을 보며 / 74
연오랑과 세오녀처럼 / 76
68번 도로에서 / 77

제5부
강이 흐르는 것만으로도 / 81
황혼 저편으로 / 82
비루먹은 말처럼 / 83
별이 떠올랐다가 사라지는 날이여 / 84
길 위에서 / 85
낮은 소리 / 86
농부들이 마당을 어슬렁거렸다 / 88
삽살개 같은 것들이 / 90
하늘소 / 91
별아! / 92
에튀드 / 93

해설 · 흐르는 풍경의 깊이 · 최현식 / 94

제1부

가을날에는

물 흐르는 소리를 따라 넓고 넓은 들을 돌아다니는
가을날에는 요란하게 반응하며 소리하지 않는 것이
없다
예컨대 조심스럽게 옮기는 걸음걸이에도
메뚜기들은 떼지어 날아오르고 벌레들이 울고
마른 풀들이 놀래어 소리한다 소리들은 연쇄 반응을
일으키며 시간 속으로 흘러간다 저만큼 나는
걸음을 멈추고 오던 길을 돌아본다 멀리
사과밭에서는 사과 떨어지는 소리 후두둑 후두둑 하고
붉은 황혼이 성큼성큼 내려오는 소리도 들린다

빈집

초저녁, 눈발 뿌리는 소리가 들려
유리창으로 갔더니 비봉산 소나무들이
어둡게 손을 흔들고 강물 소리도 숨을 죽인다
나도 숨을 죽이고 본다 검은 새들이
강심에서 올라와 북쪽으로 날아가고
한두 마리는 처져 두리번거리다가
빈집을 찾아 들어간다 마을에는
빈집들이 늘어서 있다 올해도 벌써
몇 번째 사람들이 집을 버리고 떠났다
집들이 지붕이 기울고 담장이 무너져내렸다
검은 새들은 지붕으로 곳간으로 담 밑으로
기어 들어갔다 검은 새들은 빈집에서
꿈을 꾸었다 검은 새들은 어떤
시간을 보았다 새들은 시간 속으로
시간의 새가 되어 날개를 들고
들어갔다 새들은 은빛 가지 위에 앉고
가지 위로 날아 하늘을 무한 공간으로
만들며 해빙기 같은 변화의 소리로 울었다
아아 해빙기 같은 소리 들으며
나는 유리창에 얼굴을 대고 있다

검은 새들이 은빛 가지 위에서 날고
눈이 내리고 달도 별도 멀어져간다
밤이 숨 쉬는 소리만이 눈발처럼 크게
울린다

다시 빈집

며칠째 눈은 그치지 않고 내려 들을 가리고

함석집에서는 멀고 먼 옛날의 소리들이 울린다

제 무게를 이기지 못하고 내리는 눈은

처마에서 담장에서 부엌에서 간헐적으로 기명 울리는 소리를 낸다

귀 기울이고 있으면 연쇄 파동을 일으키며 계속 일어난다

나는 등피를 닦아 마루에 걸고 유리창을 내다본다

아직도 눈은 멈추지 않고 내리고 있다

천태산 아래로 검은 새들이 기어들고

하반신을 어둠에 가린 사람이 샛길로 접어들고

시간의 그림자 같은 것이 언덕과 들길을 지나

파동을 일으키며 간다 이제 함석집은 보이지 않는다

눈 위로 함석집의 파동이 일어나지만 우리는 주목하지 못한다

파동은 모습을 드러내는 일 없이 아침에서 저녁까지

빈 하늘을 회오리처럼 울린다

바람이 이는지

바람이 이는지 나무들이 한 방향으로 흔들리고 있다

몇 줄의 기억과 사유의 마디마디들이 달그닥거리면서

창 유리에 달라붙고 부질없는 시간들도 성에처럼 앞을 가린다

새들이 날기를 멈추고 어둠 속으로 들어간다 나그네들이 검은 여인숙으로 들어간다

나는 블라인드를 걷고 불 켜진 창을 본다

겨울의 흰 산과 산 사이로 눈을 감고

오래도록 걸으면

우리는 물을 볼 수 있으려니

눈물 흘리지 않아도 고요에

이를 수 있으려니

오오,

벌판에서는 아직도 눈이 내리고 띄엄띄엄

버드나무들이 흔들리고 그림자 같은 것들이

급류를 이루면서 흘러가고 있다 어느 지방에서는

별이 돋아오르는지 하늘이 높아가고 있다

버들가지들이 얼어 은빛으로

하늘 가득 내리는 햇빛을 어루만지며
우리가 사랑하였던 시간들이 이상한 낙차를
보이면서 갈색으로 물들어간다 금강물도 점점
엷어지고 점점 투명해져간다 여름새들이
가고 겨울새들이 온다 이제는 돌 틈으로
잦아들어가는 물이여 가을물이여
강이 마르고 마르고 나면 들녘에는
서릿발이 돋아 오르고 버들가지들이 얼어
은빛으로 빛난다 우리는 턱을 쓰다듬으며
비좁아져가는 세상 문을 밀고 들어간다
겨울과 우리 사이에는 적절한지 모르는
거리가 언제나 그만쯤 있고 그 거리에서는
그림자도 없이 시간들이 소리를 내며
물과 같은 하늘로 저렇듯
눈부시게 흘러간다

이제는 날개도 보이지 않고 날아가는 새여
  썩뚝썩뚝 시간을 자르며 나는 가리니

나무들이 앙상하게 배후를 드러내며
아가리를 벌리고 있는 겨울 하늘로
어둠이 내리면 산을 넘고 넘어가는
새여 이제는 내 시 속으로 들어오지도
말고 나가지도 말아라 유리창
너머 기웃거리지도 말고
눈짓도 말아라 산이 눈을
덮고 가지들을 덮으면
그림자들은 일어서서
길을 가리니

다시 구천동으로

반딧불이들이 밤이면
불을 켜고 날아다니는
구천동 길에는 검은 침목으로
지은 트래인재즈라는 카페가 있고
칡덩굴과 오리나무와 싸리나무 밤나무
포도밭 너덜들이 있다
그 길과 나무들은 어두워져가는
하늘로 뻗어가고 있다 헤드라이트를
켜고 나는 구불구불 산허리를 돌아
간다 라이트 속으로 들어오는 나무들은
검은 수평선을 배경으로 金木犀처럼
번쩍거리고 어느 날 우리들이 함께
보았던 검은 산과 검은 집과 검은
언덕을 흑백 사진처럼 떠올린다
길과 나무들이 있으므로 우리는
길 속으로 들어가 검은 산과 검은
집을, 검은 마을을 볼 수 있다
서쪽 하늘로 날아가는 검은 새들도
볼 수 있다 나막신 같은 하현달도
잠시 볼 수 있다 우리가 달과

새들을 보는 사이 어둠은 계속 내리고
가을이 깊어져서 싸리나무 이파리들이
떨어지고 썩어간다 오오
구천동이여 너는 마침내 떨어지고
썩어 구천으로 간다 오늘 밤 나는
정말로 구천동을 구천동이라고 외친다

갈마동에 가자고 아내가 말한다

갈마동에 가자고 아내가 말한다
풀숲에 반딧불이들이 언뜻언뜻
머리 들고 나오는 설천과 나제통문을 지나
거창 쪽으로 십여 분 달리면 산그늘이
빠르게 내리는 곳, 한 골짜기
어둠을 풀어놓은 실개천에
가랑잎이 무시로 쌓이고 햇빛이
그리운, 사람도 조금씩은
그리운,

나는 마을 앞 당산나무 아래 차를 세우고
한동안 덕유산을 본다 산은 어느 때고
물에 젖은 채 입 다물고 있다
침엽수들이 해마다 솟아오르면서
골짜기는 깊어가고 내를 따라 가을 물은
졸졸졸 흐르다가, 그것도 그치고 나면
일대는 무통의 적막뿐, 그뿐,
아내는 낮은 소리로 산을 보고 있으면
우리는 작아지고, 그림자들이 우리를
어둠 속으로 몰고 간다고, 나는

말없이 귀를 기울인다 말은
은빛으로 반짝이면서 저녁 하늘로
퍼져가다가 산 아래, 나무 아래, 돌 밑에 숨는다

여전히 아내와 나는 입 다물고
덕유산을 보고 있다 너무 슬프지
않고 심심하지 않게…… 한동안
어떤 사념이 머리를 흔들고 가는 것일까
바람 소리! 그림자와도 같은 바람 소리!
아내와 나는 놀란듯 몸을 들고 일어선다
그러고 보니 어느새 밤도 어둑신히
저어기, 저렇게, 허수아비처럼 있다

겨울 갈마동 일기

밤새 내린 눈으로 기온이 급강하하여
가지들이 툭툭 얼어 터지고 새들도
둥지 깊숙이 들어간다 금강 상류조차도
오늘 아침에는 살얼음이 깔려
은빛으로 언뜻언뜻 빛난다 시간이 차겁게
아래로 내려간다 지상의
물물들은 체온을 아끼느라
더듬이를 내리고 호두나무 아래
쥐새끼들만 눈을 말똥말똥
굴린 채 그들의 통로를 달리다가
멈추고 달리다가 멈추곤 한다
기온이 점점 떨어져간다
나는 스웨터를 겹쳐 입고
성에 낀 유리창을 들여다본다
겨울에는 보는 일만으로도 힘겹다
영하 십칠 도, 캘린더를 보니 어느새
소한이 가고 대한도 이틀 남았다
南天이 얼어붙은 붉은 이파리들을
힘겹게 달고 있다

달

그믐밤 한 달은 징검다리를 건너 물속으로 들어가고 또 한 달은 뼈만 남은 가슴에서 늑골 다섯 개를 꺼내어 나무에 얹습니다 그리고 세번째 달은 아직 모습을 드러내지 않은 채 둥글게 둥글게 먹구름 속으로 들어갑니다

오늘 밤에도 당신은
──장석남에게

   오늘 밤에도 당신은 슬픔을 한 그릇 넘치게 떠가지고 옵니다

   산은 어둡고 나무들은 가지를 내리고 마을도 깊이 입 다물고 있습니다

   시간들이 구멍으로 빠져나가는 소리 꿈결처럼 들립니다

   존재하는 모든 것들이 뿌리를 앙상하게 공중으로 드러내고 있습니다 우리도 두 손을 들고 있습니다 아직도 기다림은 완성되지 않고 기다림의 징후도 보이지 않습니다

   달이 반쯤 떨어져가는 갈기산 쪽으로 이파리들은 재채기하듯 뚝, 뚝, 져 내리고 벌레들이 울고 나는 유리창 안에 있습니다

   달이 모습을 아주 감춘 다음에도 나는 이윽히 서 있습니다

수은등 아래 '끝집'이라고 간판을 단 주막에서는 주정꾼들이 기어나와 비틀거리며 가는 모습이 슬로비디오처럼 느릿느릿 돌아가고 있습니다

어디로?*

황혼이다 어두운
황혼이 내린다 서 있기를
좋아하는 나무들은 그에게로
불어오는 바람에도 흔들리지 않으며
있고 언덕 아래 오두막에서는
작은 사나이가 사립을 밀고
나와 징검다리를 건너다 말고
멈추어 선다 사나이는 한동안
물을 본다 사나이는 다시
걸음을 옮긴다 어디로?라고
말하지도 않는다

* '어디로?'는 『한산시(寒山詩)』에서 차용한 것이다.

제2부

가을의 속도

 줄달음쳐 오는 가을의 속도에 맞추어 나는 조금 더 액셀러레이터를 밟습니다

 차가 빠르게 머리를 들고 나아갑니다

 산굽이를 돌고 완만하게 경사진 들을 지나자 옛날 지명 같은 부추 마을이 나오고 허리 굽은 노인들이 앞서거니 뒷서거니 가는 모습이 보이고

 가랑잎도 비명을 지르며 떨어져내립니다 물이고 가랑잎이고 가을에는 비명을 지르지 않는 것이 없습니다

 산 속의 짐승들도 오늘은 그들의 겨울을 생각하며 골짜기를 빠져나와 오솔길을 가로질러 달립니다

 가을은 우리 밖에서 그렇게 빠른 걸음으로 달리고 우리는 안에서 아가리를 벌리고 비명처럼 있습니다

저녁 예감

한로가 지나면
화원에는 저녁이 되기도 전에
염소들이 서성거리고
돌밭으로는 물안개가 몰아오고 검푸른
하늘이 바다 깊이 내려와 모습을
감춘다 발도 보이지 않게 어스름이
나무들 사이를 지나 수채 구멍 같은
골짝으로 내려간다 나는 빠르게
밭고랑을 걸어 집으로 간다
퐁당퐁당 시간들이 떨어지고
빈집들이 숨을 죽이고
골목이 두런거린다

겨울 내소사로

하늬바람이 내소사 길 나무들을 날립니다

아직도 햇빛은 찬란하고 수은주가 내려가는지

12월의 시간들은 조금씩 조금씩 마르고

하늘 가운데로 소리들은 투명하게 솟아올라

우리가 우리 그림자를 물속으로 들여다보듯이

지상에 어린 내소사 길을 내려다봅니다

나는 천천히 천천히 걷습니다 언 돌이 발부리에 채입니다

얼음의 여울이 미광처럼 흐르고, 여전히 내소사 길은 덜덜

떨면서 산 밑으로 뻗어나가고, 점점 날은 어두워가고

바람이 쇠북에 걸려 오래도록 쉰 소리를 내고 있습니다

수천의 새들이 날갯짓을 하면서

  끝을 모르는 시간 속으로 새들이 띄엄띄엄 특별할 것도 없는

  날갯짓을 하면서 산 밑으로 돌아나간다 강물이 흘러 내려 가고

  나무숲이 천천히 가지를 흔든다 이윽고 나무숲 새로

  햇빛이 쏟아져 들어와 번쩍이면서 수천의 그림자를 지운다

  새들은 하늘 높이 올라갔다가 내려오고

  하늘 속으로 들어가 멈추어 있다가

  시간의 거울 속으로 빠져나가면서

  거울과는 반대 방향으로 날갯짓을 한다

  하늘에는 수천 새들의 날갯소리로 시끄럽고

나뭇잎들이 우수수 떨어지고 요요마는 거울 속에서

거울의 부축을 받으면서 연주한다 황혼이 거울 속으로

몰아든다 새들이 또다시 띄엄띄엄 간격을 두고

날아가면서 꾸르륵꾸르륵 운다

의자

유리창 앞에
의자가 하나 있고
서너 권의 책들이 있고
난로가 바알갛게 불을 켜고
있다 벽시계도 있다
거실에는 겨울 햇빛이 들어와
의자 위에서 흘러내리고
벽시계에서는 똑. 딱. 똑. 딱.
초침 돌아가는 소리 간단없이 울린다
나는 책들과 일정한 거리를 두고 있다
난로와도 거리를 두고 있다
나는 책들과 다르고
난로와도 다르고
벽시계와도
햇빛과도
다르다
거실에는 서로 다른 것들이
용케도 어울려 굴뚝을 타고 오르는
담쟁이덩굴처럼 시간 속으로 한없이
뻗어가고 있다

밤새 마당엔 눈이 내려
마당과 머위나무는 눈에
덮히고 마당과 머위나무는 지금
눈 속에 하얀 빛과 소리로
있다 하얀 시간으로 있다
오오, 나의 너인 의자여
빛이 어둠 속으로 함몰되어가듯이
나는 네 속에서 하얀, 어둠이
내리는 마당을 보고 있다
머위나무를 보고 있다

호탄리 詩篇

어둔 길로 한 남자가 경운기를 몰고,
그 뒤로 여자가 계집아이를 업은 채 타고 있다
그들은 반달처럼 허리를 구부리고 있다
개 한 마리도 허리를 구부리고서
꼬리를 흔들며 뒤따르더니
어떤 영상이 보이는지
방향을 바꿔 추수가 끝난 논으로
뛰어가고 있다 까마귀들이 후두둑
후두둑 날고 있다 낮게 또 낮게

까마귀들은 어떤 논에는 내리고
어떤 논에는 내리지 않는다
까마귀들의 뒤로 저녁 공기가 빠르게 이동한다
왼편 골짜기에서 어스름이 달리듯이 내리고
시간들이 부딪치면서 부서지고
어떤 시간들은 문을 닫고 침묵 속으로 들어간다
침묵 속으로 강물 소리 멀리 들린다
나는 강물 소리를 들으려고 귀를 모은다
나는 유리창에 얼굴을 대고 귀 기울인다
이제 경운기는 없다 개 한 마리도 없다

어둠이 내린 들녘에는 검은 침묵이 장력을 얻어
물결처럼 넘실대면서 금강 쪽으로 흘러가기 시작한다
금강이 검게 빛난다

어디서 달이 뜨는지
마른 풀잎들이 서걱이는 모습이 보이고
밤새들이 날아오르고 소 팔러 갔던
사내들이 술에 취해 노래 부르며 오는 소리 들리고
있다

함티* 가는 길

한 시간이 가고
다른 시간들이 산 밑으로
그림자 되어 오는 길로
나는 간다 산 밑에는
벌써 몇 년째 빈집이 있다
지붕이 무너지고 벽이 내려앉고
마당에는 잡초들이 메말라
금방이라도 타오를 듯한다
햇빛 속으로 참새들이 오글오글 모여
있다 나는 돌멩이를 집어던지려다 말고
짚단처럼 버려져 있는 햇빛 속으로
시간들이 물소리를 내며 가는 것을
본다 시간들은 하염없이 우리가 온
길로, 우리의 발목을 잡으며 (오오
발목이란 얼마나 기다란 것인가!)
사립을 지나서, 둑길로, 골짜기로,
함티로 간다 나는 함티에 집이
있다는 두 아이와 어머니를
영동에서 만난 적이 있다
두 아이는 아이스크림을 먹고 있었다

여름이었다, 햇빛이 찬란한 날이었다

* 함티: 충북 영동에 있는 오지 마을. '咸'은 '충만하다,' '다하다'의 뜻으로 충만한 고개, 끝고개란 뉘앙스가 있다.

손
──박재삼 시인을 위하여

　유리창으로 넘어온 햇살이 사기그릇에 찰랑찰랑 넘칩니다

　한 손이 조심스레 사기그릇을 들고 방 가운데 섭니다

　사기그릇 속의 햇살은 사기그릇과

　햇살 사이 방과 유리창 사이

　무명으로 파동합니다

　한 손이 고요로히 햇살을 적습니다

　한 손이 떨립니다 한 손이 멈춥니다

　떨림과 멈춤이 거의 동시적으로 되풀이되면서

　속이 들여다보이는 시간들을 빨랫줄에 넙니다

　그게 전부입니다 그 이상 방 안에는 사건이 일어나지

않고

 사기그릇 속의 햇살은 넘치면서 적멸의 소리로 울리지만

 소리들은 영토를 넓히지 못하고 울타리 안에서 사라져갑니다

전화 벨이 운다

구름은 낮게 흐르고
주전자에서는 물 끓는 소리
쉬지 않고 울린다 나는
책을 읽다 말고 리모컨으로
티브이를 컨다 화면에서는
새들이 무량으로 흘러내리고
나무들은 재채기하듯 이파리들을
흔든다 파장이 물결치듯 흘러간다
시냇물이 흘러간다 따르릉 따르릉
전화벨이 운다 나는 받는다 최선생님댁이세요?
안녕하세요 어제 동아일보에 난 시
보았어요 구례 산수유를 노래했더군요
구례는 제 고향이에요 梅泉의 고장이기도 하구요
내년 봄에 전화드릴 테니 꼭 한 번 오세요
오오 산수유꽃! 아직도
치운 물속으로 떠내려가는 꽃!
봄은 전화를 타고 이렇게 먼저
오고 산수유꽃은 물을 타고
물속으로 흘러간다 어째서
물과 꽃은 이다지도 깊은 것인가!

한밤중

물천어들이 지느러미를 움직이는 소리가

물레 돌아가는 소리처럼 윙윙윙 울립니다

수면에는 물거미 한 마리 없습니다 달도 없습니다

물속 깊이 보이지 않는 나무들만

어둡게 그림자를 드리우고 있습니다

바람이 대숲길로 빠져나간 뒤

흙담벼락에 등을 대고 고요가 미동도 없이

햇빛을 봅니다 햇빛이 물처럼 흘러 내려갑니다

오후가 되자 함석집에는 고요가 더욱 배양되면서

한 아이가 자전거를 타고 빙빙빙 마당을 돌더니

대문 밖으로 고개를 내밀고

아주머니들이 골목으로 오토바이를 타고 부릉부릉 빠져나갑니다 아주머니들은 백년도 더 된 느티나무 그늘 아래로 달립니다 한길에는 햇빛이 쨍쨍하고 녹음이 우거지고 개 한 마리 어슬렁어슬렁 길을 건너갑니다

지옥과도 같이 마을엔 고요만 남아

마당과 담벼락과 골목과 뒤섞이면서

고무 풍선처럼 부풀어오릅니다

물 그림자 위로

햇빛 속으로 작은 그림자를 끌고
한 나무가 들어가고 다른 나무는
벼랑으로 가지들을 힘겹게 벌리고
있다 두 나무 사이 길이 있다
밀대모자를 쓴 스님 셋
바랑을 메고 앞서거니 뒷서거니
간다 발에 채이는 돌멩이도 돌아보지
않는다 바람이 이는지 길바닥에는
무련의 날들이 쓸려가고 강 건너
이층집 유리창들이 번쩍번쩍
빛나고 우리가 읽은 상수리에서는
어느새 잎들이 뚝뚝 떨어진다
검붉은 가랑잎들이 이제는 기억을
지우며 물 위로 흘러간다

제3부

나는 다리 위에 있다

　별일도 없이 가파른 들녘을 돌아다니다 보면 시간들은 흔적 없이 빠져나가버리고 검은 열매들이 느릅나무 위에서 뚝뚝 떨어져내린다 강물이 얼고 풀리고를 되풀이한다 나는 다리 위에 서 있다 새들이 멀리 날아가고 나의 아이들도 서울로 인천으로 보스턴으로 떠나버리고 없다 더 이상 세상은 사랑의 울타리가 되지 못한다 나는 밤처럼 울음을 삼키고 세상을 보고 있다

싸락눈처럼 반짝이면서

싸락눈처럼 반짝이면서
햇빛이 쏟아지는 벌판으로
사람들이 이리저리 이동하고
시간은 소리 지르지도 않고
정지하지도 않은 채 종잡을 수 없이
자취를 감춘다 강과 들로는
봄이 오고 여름이 온다 가을도
겨울도 온다

어느 때고 햇빛은 눈부시다
햇빛을 따라 강물은 범람하고
올챙이와 피라미 같은 것들이
수초 사이를 헤치고 다닌다 나는
들을 질러 골짜기로 들어간다
잠시 정적이 머물러 있는 숲에서는
간간이 보일러 돌아가는 듯한 소리가
울리고 솔방울이 뚝뚝 떨어지고

오랫동안 움직이지 않던 새들이
날개를 퍼덕이며 날아오른다

새여 무량의 시간 속으로 오르는 새여
너희 비상은 햇빛에 부딪히면서 파동을
일으키며 사라지고 햇빛은 우리에게
상처를 남기고 멀어져간다

나는 걸음을 재촉하여 골짜기를 빠져나간다
나무숲을 지나고 나무 다리를 건너는 사이
바람이 굽이쳐와 옷자락을 날리고
산 아래 고자리에서는 그림자들이
달려 내려오고 황간에서는 등불이 오르기 시작한다
불을 켜고 달리는 차들을 따라 가을이 급박하게 온다

마애불이 돌 속으로 들어간다

어스름이 나뭇잎을 타고 흘러내리는
사이로 금강물은 마음을 가라앉히지
못하고 흘러내립니다 검은 바위
조차도 입을 다물고 있습니다
어제도 오늘도
진공의 골짜기를
빠져나와 끝없이
흘러가는
물이여
검은 물이여
얼어붙은 나무들처럼
사람들은 길 위에 있습니다
추억은 불안하게 그들의 기억 속을
돌아가고 그들은 각각으로 헤어지거나
각각으로 행방불명되고 풀숲의 어둠이
아우성치며 일어섭니다
오랫동안 산기슭에 있던
마애불마저도 돌 속으로
들어가 돌의 눈으로
달리는 시간을 봅니다

시간의 물이 끝없이 아우성치며
서산으로 흘러갑니다

겨울 월광

공기를 타고 오르는
가창오리들이 날개를 치며 가는
들녘으로 여러 길들이 뻗어 있고
얼어붙은 버드나무들이 앙상히
늘어선 지방 도로로 짐차가
스노타이어를 낀 채 달린다
한 농부가 논둑을 걸어 강으로
가고 다른 농부가 담배를 피운 채
가는 농부를 본다 강에서는 사건들이
연달아 일어난다 지난달에는 농협 빚에
시달린 농부가 빠져 죽었고 서너 달 전에는
홀로 사는 할머니가 몸을 던졌다
농부들은 죽은 이들을 생각하며 겨울을
본다 밤에는 티브이를 켠다
노동자들이 붉은 띠를 두르고
무섭게 거리를 행진한다 농부들은
채널을 돌린다 십대 가수들이
몸을 돌리며 무어라곤지
꽥,꽥, 소리 지른다 농부들은
꿈결 같은 소리로 달이 어둠을 헤치고

솟아올라 금강에 떠오르기를 기다린다
농부들은 꿈결에서도 달을
기다린다

불국사 회랑

한겨울에 걸었던 회랑의 구두 발자국 소리가
조금 높았던 것일까 30여 년이 흘러간
오늘사 말고 그 소리 뚜벅뚜벅 귀를
울린다 바람이 얼어붙은 가지와 가지
사이 돌과 돌 사이 뚜벅뚜벅
소리는 멈추지 않고 울린다
그날 우리는 동래와 포항을 거쳐
백팔번뇌도 없이 도리천을 가고
있었겠지만 도리천은 나타나지 않고
보리수도 보이지 않았다 토함산
언저리로 바람이 차갑게 휩쓸고 갔다
화강암으로 만든 불국사 회랑,
기단뿐인 회랑, 구두 발자국 소리가
바위 속 깊이 새겨져 오늘도
들릴 듯 말 듯 가슴을 울리고 있다

겨울 내몽고 1

내몽고는 너무나도 멀리
얼음과 침묵으로
요새를 이루고 있다
겨울이면 간혹 불덩어리 같은 해가 지평선으로
떠올라 언 대지를 비추며 눈부신 반사를 일으키지만
나무들은 꿈쩍 않고 말들도 입을 다물고
마구간의 시간들을 마구 찬다
시간들이 비명을
지른다 시간들은 형체도 없이
비천하게 발꿈치를 들고,
가랑이를 벌리고,
유적지처럼
어두워가고
있다

겨울 내몽고 2

영하 41도의 혹한 속,
공중에는 새들도 소리도 없다
거울도 없다 흐리멍텅한 그림자 따라
백양나무들은 언 빛으로 비틀거리며 가고
초원에서는 말들이 울고 있다
사람들도 대문을 걸어 잠그고
세수도 하지 않고 밑도 씻지 않고
몇 날 며칠 방과 방을 걸어다닌다
바람도 언덕을 넘고 넘으면서
가속적으로, 종일 無極의 시간을
달린다

포플러들아 포플러들아

더 이상 종달이는 높이 날지
않는다 봄날은 지나가버렸다
긴 의자에 사람들은 오지 않고
시간은 주춤주춤 고장난 시계처럼
흘러간다 나는 창문을 빠끔히 열고
시간의 자국들을 보고 있다
이태리 포플러들이 강 건너 연푸른
가지를 드러내며 가지런히 있다
무슨 신호를 공중으로 보내고 있는 것 같다
오오 포플러들아 포플러들아
멈칫거리지 말고 말하라 바람은
언제나 흐르는 것이 아니다 바람의
날개에는 솜털 같은 은유들이 실려 있고
은유들은 희망도 없이 부서져내린다
들판은 멀고 멀다 개울로 흘러가는
물들은 병들었다 수세기를 두고
오염된 세상은 이제 종달이 하나
떠올릴 힘이 없다

마애불을 생각하며

고요하게
눈을 뜨고 마애불이
산 아래로 달리는 그림자를
보고 있다 날아오르는 검은
꽁지의 새들을 보고 있다
날이 저물어 침엽수들은 하나
둘 어둠 속으로 들어가고
아무도 모르게 달려온 시간들이
들녘에 깔려 밤을 재촉한다
길게 울며 언덕을 내려가는
염소들은 이제 밤을 볼 것이다
구름들은 추억을 볼 것이다
더욱 급하게 시간들은 들을
뒤덮고 염소와 나무들은
어둠 속에 있다 우리는
모두 어둠 속에 있다
걸어온 길의 발자국을 기억하는 데도
우리는 숨가쁘다 대지는 신음으로
가득하다 언제 우리는 밤과 함께
독이 될 수 있으리오

雨水

雨水라는 말이 그럴듯하다고 생각하면서
무심히 창을 여는데 길 건너편 슬레이트 지붕
아래로 달려들 듯 노을이 흘러가고 가는 바람이 흘러
가고 볼이 붉은 아이가 간다 누가 스위치를 눌렀는지
어두운 창이 밝아지면서 추녀가 높이 솟아오르고
불분명한 시간들이 산허리를 타고
강둑 버드나무숲 쪽으로 휘어져간다

제4부

억새풀들이 그들의 소리로

억새풀들이 그들의 소리로 왁자지껄 떠들다가

한 지평선에서 그림자로 눕는 저녁,

나는 옷 벗고 살 벗고 생각들도 벗어버리고

찬 마루에 등을 대고 눕는다 뒷마당에서는

쓰르라미 같은 것들이 발끝까지 젖어서

쓰르르 쓰르르 울고 있다 감각은

끝을 모르고 흘러간다고 할 수밖에

없다

겨울이면 배고픈 까마귀들이

겨울이면 배고픈 까마귀들이 이 논에서
저 논으로 고랑을 뒤지며 바삐 걸음을 옮기고
참새들도 작은 모습으로 창가에 와 웁니다
눈 내리는 날은 눈물 방울이 줄줄줄 흘러내리면서
들판을 지우고 강을 지우고 마을을 지웁니다
그런 날은 유난히도 저녁이 빠르게 옵니다
(독자여
밤이 오거든
유리창을
오래오래 보십시오
엑스선 사진처럼
검은 유리에서는
새들이 날고
새들이 울고
새들이 일렬로
이동하는 것이 보일 겁니다
살고 아파하고 이동하는 것들에 대해
우리는 관심을 하지 않을 수 없습니다)
밤은 아직도 유리창 밖에 움직이지 않고 있습니다
밤이 깔아놓은 길 위로 시간들은 사라진 것들의

이름을 부르며 가고 있습니다
나는 배고프게 세계의 중심에 있습니다
나는 울고 있습니다

동강에서

　동강에 온 사람들은 다들 비오리를 찾는다 별로 아름다울 것도 없는 이 새는 다른 새들이 동강을 떠난 다음에 나타나 물속을 헤엄쳐 다니다 어느 날 달빛의 사닥다리를 타고 공중으로 올라간다 비오리들은 한 걸음 한 걸음 달빛을 타고 간다 몇 개의 깃털도 뿌리고 간다 강과 하늘에 걸린 사닥다리는 바람에 흔들려 심한 곡예를 하지만 비오리들은 떨어지지 않고 어렵사리 숲을 빠져나간다 날이 가고 또 가고 동강에는 새 차를 타고 사람들이 나타나 사라진 풍경을 보며 관성처럼 풍경을 잡아당긴다 풍경이 끌려온다 가을이 몰려온다 홀로 남은 동강에는 싸락눈이 내리고 깃털 같은 것들이 눈 위로 날린다

나는 뭐라 말해야 할까요?

 우리는 많은 길을 걸었습니다 아침이면 등산화 끈을 질끈 조여매고, 여름 햇살을 등지고 월령산을 넘어 꽃무덤에 이른 때도 있었고, 덕유산 아래 갈마동에서 눈이 내리는 저녁을 보는 때로 있었습니다. 12월이 지나고 1월이 오면 중북부 지방에는 복수초들이 눈 속에 솟아오른다지만, 우리는 겨울 내내 방 안에 밖혀 티브이만 보았습니다 다시 봄이 다가와 돌담 아래 민들레꽃이 피어날 때에야 간신히 골목을 빠져나와 실크 머플러와도 같은 햇빛을 목에 두르고 길을 나섰습니다 우리는 강둑으로 갔습니다 우리는 물이거나 바람이거나 햇빛처럼 반짝였습니다 우리 몸에서는 수많은 모세 혈관들이 입을 열고 햇빛을 내뿜고 있었습니다 버들강생이들도 입을 열었습니다 순간 폭포수와도 같은 소용돌이가 일었습니다 어떤 것도 정지하거나 움직이지 않았습니다 그런데 웬일일까요? 나는 이 변화를 뭐라 말해야 할까요? 내가 발을 멈추고 머뭇거리고 있는 사이, 나는 뒤돌아볼 틈이 없습니다 내가 뒤돌아보며 감정의 굽이를 돌아갈 때, 그대 모습은 사라지고, 나도 사라져버리고 맙니다

햇빛 한 그릇

1
강 얼음처럼 금속성을 내며 햇빛이
마룻바닥으로 한 뼘 한 뼘 기어 올라온다
그릇에 담아 나는 검은 상 위에 놓는다
밤이 깊어도 햇빛은
사라지지 않고 일용할
양식처럼 찰랑찰랑 넘친다

2
나는 햇빛 속을 가고 있다 강물 위인 듯, 진공 속인 듯, 나는 맨발로, 고개를 갸우뚱하고 조금씩 흔들리며 블랙홀 같은 시간 속을 가고 있다 저편에 얼굴 모습을 얼른 알아볼 수 없는 사내들이 몇, 가고 오른쪽으로는 낙엽송이 져 내리고 볏가리들이 반대쪽에 세워져 있다 공기는 말라 바스락거렸다 나는 무어라고 외치고 싶었으나(하다못해 어머니!라고도 외치고 싶었으나) 소리가 나오지 않았다 한꺼번에 시간들이 쏟아질 것 같은 예감에 시달리며 나는 몸을 일으켜 세웠다 그릇 위 햇빛이 번쩍거렸다

   3
  나는 서너 번 기침을 하고 햇빛 속으로 찰랑찰랑 흘러
가는 나를 물끄러미 보고 있었다

   4
  오늘 같은 날에는 덤벙대지 말고
  조용히, 시를 생각하며,
  시를
  기다려야겠다

봄 길

　남제주에 봄이 상륙했다는 春信이 오고 난 뒤부터 쩡쩡쩡쩡 해동 소리 산을 울린다 물속의 열목어도 잠에서 깨어나 꼬리를 들고 강물도 숨 쉬기 시작한다 나는 겨울의 굽이에 누워 옴짝달싹 않는다 나는 나이고 너는 너다! 그러자 하늘의 통제실에서 경고성 버저가 삐익삐익 울린다 더 이상 지체할 수 없다고…… 지체해서는 안 된다고…… 하룻밤이 지나고 또 밤이 지나간다 부드러운 바람이 골짜기를 빠져나가고 수류가 소리를 내기 시작한다 나는 더 버티지 못하고 벌떡 일어나 빠르게 숲을 뚫고 저수지 길로 내려간다 아직도 풀리지 않은 얼음이 바위 아래 남아 있고 흙을 파며 두더지들이 통로를 내는 소리 버석버석 들린다 나는, 내 봄이 빠른 것인지 늦은 것인지 모르면서 계속 들길을 걸어 내려간다

가을의 집

  그의 집으로 가을이 들어갔다 마당의 풀꽃들은 벌써 떠나고 주인 내외도 출타 중인지 현관문이 열려 있었다 나는 거실을 지나 주방으로 들어갔다 바람과 고양이들이 여름내 소란을 피웠던지 마룻바닥은 어지럽고 한밤중에는 풀벌레 울어 소리들이 층계를 타고 물처럼 흘러내렸다 나는 이층으로 올라갔다 층계가 삐걱거렸다 나는 계속 올라갔다 계속 삐걱거렸다 나는 유리창을 밀었다 바람이 오는 대숲 너머로 바다가 굽이치며 흘러가고 소리들이 흘러가고 섬과 섬 사이 돛단배가 정박해 있었다 돛단배가 나를 보며 아아아아 소리 질렀다 나도 돛단배를 보며 아아아아 소리 질렀다

첫 시집*을 보며

    은빛 서리들이 눈부시게 반짝이는 11월 아침 나는 서재로 가 첫 시집을 꺼내 읽는다 시들은 거의 모두 一字 행렬로 지나가지만 어떤 시들은 새들 모양 포르릉포르릉 날아오르면서 가슴을 치고 울린다 나는 건반을 가만히 누른다 소리들은 천장으로 솟아올랐다가 내려오면서 딱따구리처럼 실내를 시끄럽게 한다 나는 불필요한 단어를 지우고 행을 바꾸어도 딱따구리 소리는 멈추지 않고

계속 울린다

    나는 잠시 시집을 접고 시대를 생각한다 시대의 숲속으로 들어간다 칡덩굴과 잡목숲이 길을 막고 시대와는 또 다른 소리로 공기를 흔든다 나는 귀를 모은다 멀리 솔잎 떨어지는 소리 들리고 어디서 본 듯한 사람의 등이 보이고 그늘에는 고요가 내려앉는다 어느덧 가을이 가고 겨울이 온다 고요는 겨울의 눈 속에

묻힌다

    나는 다시 시집을 펴고 읽는다 유리창으로 들어오는 햇빛을 타고 조으름이 안개같이 스며들고 방 안 구석구석 괘종시계며 유리그릇들이 움직이기 시작한다 의자며

책이며 서까래도 움직이기 시작한다 이제 방 안은 넓어져가고 기물들이 여러 겹으로 얼비치고 황혼이 다가와 출렁거린다 황혼이 오랫동안 창가에 머물렀다가

                        사라져간다

 나는 황혼과 어스름 사이 시간들이 떼몰려 가는 것을 본다 한때 나의 기도와도 같았던, 어머니의 어머니도 저만큼 바라보기만 했던 나의 시집이여…… 켜켜이 먼지를 뒤집어쓰고 있는 시집이여…… 황혼이 내리는 시간에도 자고 눈 내리는 날에도 자고 또 내리는 날에도 자거라 생각하지 말고, 뒤척이지 말고……, 네가 자면 어느 날 나도 고요 속으로 내려가 자게 되리니

   * 저자의 첫 시집 『우리들을 위하여』를 말한다.

연오랑과 세오녀처럼
── 한승원 형에게

무지막지한 폭풍이 아무 예보도 없이
몰려와 살구나무의 살구들과 사과나무의
사과들과 돌배나무의 돌배들을 모조리
떨어뜨리고 간 뒤에도 우리나라의
전설에 등장하는 연오랑과
세오녀는 남해에 꿈쩍 않고
있다 눈부신 빛으로 있다
새야! 오늘 창가로 날아와
너는 오랫동안 울지만 나는
조금도 흔들리지 않는다
영원으로 가는 너는 거기 연오랑과
세오녀처럼 있고 연오랑과 세오녀처럼
부신 빛을 토해내면서 아름다운 소리로
울고 있다

68번 도로에서

이 지붕
저 지붕에서 등불이
오르고 사물들이 그들의 속도로
조금씩 조금씩 이동해간다
강물이 꿀컥꿀컥 기침을 하면서
수방을 넘어간다 나는 숨을
죽이고 듣는다 나는, 듣는다,
모든 밤이 그러하듯 무명으로
가는 길들은 침묵 속으로 줄지어
들어가고 침묵이 미루나무 가지들을
무겁게 들어올린다 밤은 꼼짝 않고
윤곽도 드러내지 않는다 밤은 지옥
과도 같다 문자를 해독할 수 없는
표지판이 68번 도로에서는 덜커덩거리고
종일 고추밭을 매던 김동문씨네 아주머니는
잠 속으로 떨어져간다 금강 물이 하류로 소리를 내며
흘러간다 다리 아래 비닐하우스에서는
토마토들이 신음을 토하며 익어간다

제5부

강이 흐르는 것만으로도

 강이 흐르는 것만으로도 시간들은 눈부시다 강의 속살까지 번쩍이는 시간들이 들이닫는 느낌은 서늘하다 못해 비명 같다 가끔 바람이 회오리쳐 가고 옥수수 이파리들이 하루가 다르게 자라올라 들판 가득 소리의 물결을 풀어놓는다 소리의 물결 속으로 방울새들이 날아오르고 색색의 종달이도 오른다 소리와 시간들이 용수철처럼 튀어오른다 엘란트라를 몰고 온 남녀가 팔짱을 끼고 강둑을 걷는다 그들은 그들의 가슴께에서 느끼는 감각으로 눈이 감긴다 한여름 강변에서는 고요가 나른하게 빛살처럼 일렁인다

황혼 저편으로

노을 속으로 그림자들이 사라지고 나면
지구는 어느 때보다도 힘겹게
어스름을 끌어당기며 밤 속으로 들어간다
내 것이 아닌 추억들이 소리 지르며 일어선다
주민들은 입을 다물고 가만가만 발길을 옮긴다
주민들은 침실로 들어간다 한밤에는
빗줄기들이 세차게 이파리들을
때리고 풍경은 길게 숨을 내쉬고
나는 두렵다 나는 눈 뜨고 있다
내 앞에는 아직도 검은 시간들이
뭉텅뭉텅 흘러가고 있다

비루먹은 말처럼

오 리도 못 되는 들녘에는
아직도 베어내지 못한 벼들이
비루먹은 말처럼 여기저기 널려 있고
검은 시간들이 물을 타고 신탄진 쪽으로
신탄진 쪽으로 밤내 소리치며 흘러간다
누더기와 같은 나무들이 바람에 걸린다
나는 말 한 마디 못 하고 맨발로 있다
맨발을 보고 있다 맨발이 어둠 속에서 나와
물소리 내며 흘러간다 어느 누가
이 밤에 깨어 저 물소리 듣나
누가 저 물소리 베어 먹을 수 있나
간혹 밤 새들이 울고
트럭이 언덕을 넘어가지만
어디를 둘러봐도 중천에는
어둠이 흐르고 있을 뿐

별이 떠올랐다가 사라지는 날이여

여름 풀들이 무릎까지 푹푹 빠지는 굴헝으로 우리는 들어가

푸른 메뚜기들을 만난다 메뚜기들은 가끔씩 덥고 지루한 풀

숲을 빠져나와 책장을 넘기고 넘기면서 새로운 책장으로 들

어간다 책장 위에서 뒷다리에 힘을 주고 똥을 눈다 검은

똥이 뚝뚝뚝 구멍으로 빠져나온다 다시 메뚜기들은 뒷다리의 힘을 풀고 반원의 눈을 굴린다 메뚜기들은 날개를 펴고 평형으로 한없이 날아오른다 그러나 어떤 메뚜기들은 평형이

허물어지면서 날개가 부서져내린다 별이 떠올랐다가 사라지는 날이여 부서져내리는 메뚜기들을 보면서 우리는 운다

길 위에서

나무들은 멀어져가고 들이 어스름에
잠깁니다 한때 들에서는 영혼이 숨 쉬고
있었고 신들과 함께 구월을 맞으며
거주했습니다 그런데 우리 세기에 들어서면서
신은 떠나버렸고 우리는 비바람이 몰아치는
길 위에서 여러 길들을 보고 있습니다
언덕 아래 도랑에서는 물소리 들리고
우리 마음은 간절히 물에 잠기며 물을 따라
아래로 아래로 흘러가고 싶습니다
우리는 넋을 잃고 싶습니다
오오, 저는 애통하려고 여기 있습니다
어느 누가 우리의 토르소를 울리고 있습니까
우리는 누구입니까? 누구의 소유물입니까?
왜 아이들은 우리를 떠나 그들의 길을 저토록 바삐
갑니까 저는 찾아갈 집도 골짝도 없습니다
저는 혼자입니다
저는 떨고 있습니다

낮은 소리

내가 지금 무얼 생각하고 있는지
알아? 초콜렛이야 검은 초콜렛
아이들이 좋아하는 초콜렛 말이야
달콤한 시간처럼 우리는 초콜렛을
입 안에 넣고 가만가만 빨아댔지
빨면서 달렸지 즐거웠지 우리와 함께
햇빛은 쏟아져내리고 한 무리 오리 떼들이
날개를 흔들며 하늘로
날아오르다가 웅덩이에
떨어지고 물거미들이 놀라
달아나고 강심도
오랫동안 마음을 진정하지 못하고
흔들렸지 고요가 슬금슬금 움직였지
고요가 나를 불렀지 나는 고요 속에서
빠져나가려고 숨을 헐떡이며
달렸지 (달렸지 달렸지 달렸지)
오오 오늘 나는 다시 검은 초콜렛을 빨며
달리고 싶어 햇빛을 보고 싶어 머잖아
내릴 황혼을 기다리며 황혼이 부르는
소리를 듣고 싶어 어쩌면 황혼은

이리도 변했을까! 외치고 싶어
외치고 싶어

농부들은 마당을 어슬렁거렸다

유성 온천으로 단체 관광을
다녀온 뒤로도 마을 사람들은
해가 저물면 마당을 어슬렁거렸다
어떤 이는 공동 창고 뒤에서 오줌을
싸고 어떤 이는 리기다소나무 옆에서
줄담배를 피웠다 올해도
늦가을비로 포도 농사는 죽을 쑤고
농협 이자는 눈덩이처럼 불었다
사람들은 도시로 떠나거나 밤중
몰래 짐을 싸고 도망쳤다
그런 새에도 시간은 줄달음쳐
방에는 불이 들어오고, 보일러가
돌아가고, 거실에서는 티브이를
보았다 브라운관에서는 러닝셔츠를
입은 근육질의 사나이들이 아스팔트를
달리고 쥐똥나무 가에서 중년 신사가
담배꽁초를 집어 던졌다 왜 사람들은
달리고, 담배꽁초를 던지고, 티브이를
보는지, 그리고 왜 농부들은 마당을
어슬렁거리는지 알 수 없었다

알 수 없는 채로 나는 한길을 보았다
라이트를 켠 차들이 줄을 지어
지방 도로로 달리고 있었다

삽살개 같은 것들이

삽살개 같은 것들이
각자의 냄새를 풍기며
아지랑이처럼 넘실넘실 오는
봄의 표정은 미묘해서 형용키 어렵다

이 나무에서 저 나무로
이 논배미에서 저 논배미로
흐르는 바람도 여러 모습을 지녔다
어디선지 멀리 웅웅거리는 소리 들리고
사람들은 옷을 바꿔 입을 준비를 한다
다리 위로 경운기들이 털털털 오고 간다
아무 작용도 반작용도 없다 나른하다

그러나 주목하라! 봄은 어느새 눈을 씻고 우리 귓속
으로 들어와 솜털 같은 소리로 은근한 말을 하고 있으니

하늘소

산과 들이
저녁을 달리고 언덕 위
참깨 다발들이 일렬로 늘어서 있다
어느덧 상강은 보름도 남지 않았다
퀴퀴한 냄새도 사라진 소똥 더미에서
딱지가 검은 하늘소가 기어나와 그의 생애를 뒤뚱뒤뚱 끌고 간다 붉은 해가 저녁을 되비춘다
메상골은 뫼 위로 흘러간다

 * 메상골: 저자의 고향에 있는 작은 들녘.

별아!

뇌선(雷線)을 그으며 밤하늘로 눈부시게
떨어져가는 그대는 옛날 창부 같다
먼,
머언,
별아!

에튀드

그가 돌아간 뒤로 가을이 내렸다
유리창 너머 소나무 숲 위로
아래로 또 후면으로
가을은 무지막지하게 내려 쌓였다
가을은 그렇게 내려 쌓이는 것이었다
그리고 가을이 가고 우리는 돌아보았다
해질 무렵 산 아래 물 그림자와도 같이
사금파리들이 길바닥에서 반짝이고
아침이면 서리 내리고 안개 끼고 소리도
그늘도 없는 물 위로 안개는 흘러가면서 공기를
적시고 때로는 솟아오르면서 나무와
수초 사이 넘실거렸다
시간들이 져 내렸다
시간들이 쌓였다

해설

흐르는 풍경의 깊이

최현식

　요 몇 년 사이에 발표된 최하림의 시를 다시 읽는 동안 고흐와 모네의 풍경화가 자꾸 아른거렸다. 곰곰이 생각하자니, 아무래도 시인이 '풍경'을 바라보는 눈이 그들의 그것과 겹쳐 보였기 때문인 듯싶다. 풍경화·풍경 사진 등이 환기하듯이, '풍경'이란 말은 변화와 들썩임보다는 정지와 고요의 이미지에 훨씬 어울리는 것처럼 생각된다. 고흐나 모네의 풍경화를 처음 접할 때 받는 강렬한 인상의 상당 부분은 그런 기대의 배반에서 오는 것인지도 모른다. 그들의 풍경화는 전체적 윤곽의 정밀한 부조나 단편적인 세부 묘사보다는, 색채의 과감한 혼합과 굵고도 힘찬 붓 터치에 기댄 역동적 분위기의 표출에 집중되어 있다. 풍경의 특정 순간을 포착하여 고정시키기보다는 특히 빛에 의해 시시각각 변하는 풍경 혹은 사물의 끊임없는 움직임과 흐름을 드러내고자 했기 때문이다.

고요한 풍경의 고정된 표층이 아니라 역동적인 심층을 더듬던 그들의 뜨거운 열정과 예리한 시선을 다음과 같은 최하림의 시구로 바꾸어본다: "나는 고요히 세계를 보고 있다" "눈이 닿는 곳에서는 고요가 일어선다"(「저녁 무렵」, 『굴참나무숲에서 아이들이 온다』). 범속한 영혼은 단지 "고요히 세계를" 보는 것으로 풍경의 삼매경을 구할지도 모른다. 그런 평안은 '나'를 탈속의 경지로 쉽게 이끌지는 몰라도, 그 풍경의 풍경됨을 새로이 엿보게 하지는 못할 것이다. 이와 달리 세계의 진실한 이면에 가 닿고자 하는 각성된 영혼은 자신의 온몸을 열어 풍경을 호흡하고 거기에 숨의 리듬을 맞추고자 할 것이다. "눈이 닿는 곳에서는 고요가 일어선다"에 담겨 있는 '나'와 풍경의 감도 높은 상호 조응과 활성화는 그런 자기 개방의 결과 허락된 은총이라 하지 않을 수 없다.

최하림은 새 시집에 『풍경 뒤의 풍경』이란 이름을 붙이고 있다. 이름만으로도 그 은총의 세계를 보다 깊이 호흡하려는 마음 씀씀이가 물씬 풍겨 나온다. 그런데 우리의 눈길은 '풍경'보다는 오히려 '뒤'라는 말에 먼저 가 닿는다. '속'을 취해도 될 법한데 굳이 '뒤'를 택한 이유는 무엇일까. 그것은 아무래도 시인이 '풍경'을 대하는 태도와 깊은 관계가 있을 것이다.

시인에게 풍경은 시간의 흐름과 밀접히 연관된 역동적인 무엇이다. 동일한 공간의 풍경이라도 그것은 시간의 흐름 및 그에 따른 환경의 변화에 의해 전혀 다른 풍취를 드러내게 된다. 그러니까 시간의 개입에 의해 특정 풍경은 스스로의 몸을 끊임없이 바꾸어 입게 되는데, '뒤'란 그 지속적인 변화의 소용돌이를 지칭하는 개념인 것이다. 그러나 '뒤'는 풍경에 변화의 지속이라는 속성뿐 아니라 순환이라는 속성 역시 부여한다. 왜냐하면 풍경(특히 자연 풍경)은 해와 계절, 달, 날의 순환을 통해 그 변화를 또렷이 드러내기 때문이다. 시인의 시선이 주로 시간 단위가 바뀔 무렵, 이를테면 저물녘·늦가을·해빙기 등의 풍경을 향하는 것은 결코 우연이 아니다. 요컨대 '뒤'는 지속과 순환에 의해 드러나는 풍경의 속삶에 적극적으로 참여하려는, 시인의 말을 빌린다면, "시간과 장소가 동시에 같이 움직이고 그 움직임을 느낄 수 있"게 하는 방법적 장치로 선택된 말인 것이다.

움직이고 흐르는 풍경은 시각의 특권적 지위를 허락하지 않는다. 그것은 여타의 감각들, 특히 청각과 촉각의 도움에 크게 기댈 때에라야 그 역동성을 생생하게 표출할 수 있게 된다. 시인은 『굴참나무숲에서 아이들이 온다』에서 '바람'과 '소리'의 속성과 이미지를 통해 살아 움직이는 풍경에 참여하는 일의 참뜻을 탁월하게 점묘해낸 바 있다. 바람은 그 자체로 공기의 파동이자 흐름이며, 소리는 공기의 파동을 통해 울려 퍼진다. 그러니까 그것들은 '흐름'으로써 "사물을 흔들고 사물을 산란하게 한다." 발레리가 불어오는 바람 속에서 삶의 의욕을 다졌다면, 시인은 바람을 통해 바깥과의 경계를 지우고 세계와 악수한다. 가령 그는 "창밖"에 흐르는 바람을 보며 "소리들이 골짝 너머/여울목으로 사라지고 어느 곳에선가는/일어서면서 먼 산을 흔드는 소리를 듣는다"(「언덕 너머 골짝으로」, 『굴참나무숲에서 아이들이 온다』). 바람이 일으키는 사물의 흔들림과 소리가 시인의 내면에서도 일어나고 있는 것이다. 바람은 말하자면 서로 다른 존재들이 교통하고 반향할 수 있도록 다리를 놓아주는 영매이자, 풍경(風景)이란 사원이 늘 잠깨어 있음을 알리는 풍경(風磬) 소리인 것이다.

> 물 흐르는 소리를 따라 넓고 넓은 들을 돌아다니는
> 가을날에는 요란하게 반응하며 소리하지 않는 것이 없다
> 예컨대 조심스럽게 옮기는 걸음걸이에도
> 메뚜기들은 떼지어 날아오르고 벌레들이 울고
> 마른 풀들이 놀래어 소리한다 소리들은 연쇄 반응을
> 일으키며 시간 속으로 흘러간다 저만큼 나는
> 걸음을 멈추고 오던 길을 돌아본다 멀리
> 사과밭에서는 사과 떨어지는 소리 후두둑 후두둑 하고
> 붉은 황혼이 성큼성큼 내려오는 소리도 들린다
> ―「가을날에는」 전문

『풍경 뒤의 풍경』에서 '흐르는 풍경'은 많은 경우 '소리'의 이미지를 통해 그려진다. 위 시에서 보듯이, 각각의 소리들은 개별 사물들의 풍요로운 존재감을 지시하는 악기가, 그것들의 "연쇄 반응"은 풍경의 화엄을 연주하는 웅장한 교향곡이 되고 있다. 그 소리들은 대개 유장하기보다는 요란하고 급박하다. 소리의 빠른 속도감은 풍경의 생동감을 한층 고양시킬 뿐더러, 경계에 선 시간들의 급박한 변화를 생생하게 드러내는 데 크게 기여한다.

그런데 그런 시들에는 객관적 정황의 사실성 못잖게 중요한 요소가 존재한다. 풍경에 반응하는 '나'의 태도가 그

것이다. '풍경'은 대체로 빠르게 움직인다. 하지만 '나'는 그것과 나란히 가지 않고, 자기 나름의 리듬으로 때로는 느리게(「가을날에는」, 「겨울 내소사로」, 「호탄리 詩編」) 때로는 빠르게(「저녁 예감」, 「가을의 속도」) 간다. 시인의 엇나가는 호흡은, 그 속도야 어떻든, 풍경의 경험을 하나로 모으는 대신 여러 갈래로 분산시키는 심리적 장치라는 점에서 매우 중요하다. 이때 풍경의 경험은 시간의 경험으로 바꾸어도 무방한데, 풍경의 변화가 시간의 흐름에 온전히 기대고 있기 때문이다.

> 검은 새들은 지붕으로 곳간으로 담 밑으로
> 기어 들어갔다 검은 새들은 빈집에서
> 꿈을 꾸었다 검은 새들은 어떤
> 시간을 보았다 새들은 시간 속으로
> 시간의 새가 되어 날개를 들고
> 들어갔다 새들은 은빛 가지 위에 앉고
> 가지 위로 날아 하늘을 무한 공간으로
> 만들며 해빙기 같은 변화의 소리로 울었다
> 아아 해빙기 같은 소리를 들으며
> 나는 유리창에 얼굴을 대고 있다 ——「빈집」부분

'새'의 귀소 과정을 통해 흐르는 풍경 속에 담긴 시간의 의미를 탐색하는 시이다. '새'가 시간의 이미지로 치환되어 있는 것은 이 시 말고도 「다시 빈집」과 「수천의 새들이 날갯짓을 하면서」가 있다. 이것들은 이번 시집에서 가장 이해하기 어려운 시에 속한다. '시간'의 의미 맥락이 제대로 짚이지 않기 때문이다. 위의 "어떤/시간을 보았다"나 "시간의 거울 속으로 빠져나가면서"(「수천의 새들이 날갯짓을 하면서」)를 참조한다면, '시간'은 우선은 끊임없이 밀려드는 '뒤'의 시간들을 의미하는 것으로 보인다. 한편 '새'는 날면서 운다는 점에서 '바람'과 '소리'의 이미지를 한꺼번에 사는 존재이다. 따라서 '바람'과 '소리'를 통해 지시되는 풍경의 변화나 시간의 흐름은 '새'를 통해서도 지시될 수 있다. '새'와 '시간'이 맺는 관계는 이런 맥락에서 얼추 이해될 수 있을 것이다.

그런데 보다 세심한 주의가 필요한 대목은 "해빙기 같은 변화의 소리"이다. 새와 시간의 유추적 관계를 생각하면, 이 역시 '뒤'에 오는, 다시 말해 미래의 풍경에 대한 조심스런 예감으로 이해된다. 그러나 "꿈"이나 "무한 공간"이란 낱말, "해빙기 같은 소리"를 듣는 '나'의 모습은 이 시의 '시간'에서 자연적 시간 이상의 어떤 것을 환기시킨다. 시간은 우리 삶의 진행 원리이기도 하지만 결코 헤어날 수 없는 심연이기도 하다. 특히 '죽음'으로 표상되는 후자의 측면은 단절의 공포와 그것을 넘어서고자 하는 연속의 욕망을 시간 경험의 핵심으로 끌어올린다. 연속의 욕망은 시간의 순환과 가역성을 전제할 때에라야 실현될 수 있다. 세계의 영원한 반복과 순환에 대한 믿음이 없고서는 죽음의 공포가 극복될 수 없는 까닭이다.

이 시에서 '새'는 시간의 이편과 저편을 넘나드는 존재로 상상되고 있다. 앞으로만 흐르는 자연적 시간의 규율을 파괴하고 있는 것이다. 시간의 질서를 일탈하는 '새'의 모습은 시간에서 해방된 존재를 떠올리게 하기에 충분하다.

이 때문에 우리는 "하늘을 무한 공간으로 만"드는 새의 비행을 시간 질서의 개방 행위로, "해빙기 같은 변화의 소리"를 새로운 시간에 참여하는 존재의 설렘으로 바꾸어 읽고 싶어진다. 그 설렘은 물론 존재의 연속에 대한 기대에서 생겨나는 것이다. "해빙기 같은 소리"에 유심히 귀를 기울이는 '나'의 행위는 그 기대가 시인의 것이기도 하다는 사실을 뚜렷이 보여준다. 시인이 풍경에의 참여를 "깊이 확대된, 시간과 장소를 호흡하며 함께하는" 것으로 의미짓는 진정한 이유가 여기 어디쯤 있을 것이다.

다음 시에는 시인이 풍경에의 참여를 통해 꿈꾸는 새로운 삶의 한 전형이 담겨 있다.

> 황혼이다 어두운
> 황혼이 내린다 서 있기를
> 좋아하는 나무들은 그에게로
> 불어오는 바람에도 흔들리지 않으며
> 있고 언덕 아래 오두막에서는
> 작은 사나이가 사립을 밀고
> 나와 징검다리를 건너다 말고
> 멈추어 선다 사나이는 한동안
> 물을 본다 사나이는 다시
> 걸음을 옮긴다 어디로?라고
> 말하지도 않는다 ―「어디로?」 전문

『풍경 뒤의 풍경』을 통틀어 풍경에의 몰입이 가장 순도 높게 표현된 시이다. 황혼과 나무, 사나이의 욕망이 아무런 갈등도 없이 그저 제 갈 길을 가고 있다. 이 자유자재의 경지는 시적 대상들의 온전한 개별성이 풍경의 전체성으로 응집되면서 성취되는 것이다. 각자의 시간에 충실한 삶이 전체의 삶을 거스르기는커녕 그것의 풍요로움에 이바지하는 이런 정경이야말로 우리가 꿈꾸는 진정한 삶의 원형이라고 할 수 있다. 이런 세계에서 '어디로?'라는 지향 의식은 별 의미가 없다. 오히려 '나'를 중심으로 세계를 이해하고 재구성하려는 욕망이 이 황홀한 풍경의 흐름을 해칠 것이기 때문이다. 그 흐름에 발맞추되, '나'의 숨이 가쁘지 않을 어떤 리듬을 찾아내어 그것을 타고 흘러가면 그만인 것이다.

그러나 이러한 "無極의 시간," 다시 말해 '시적 순간'은 결코 일상화될 수 없다. 그것이 항시적으로 경험될 수 있다면, 시라는 언어 행위는 출현하지도 않았을 것이다. 시인이 풍경 속에서 경험하는 충만한 현재는 어쩌면 미학적 가상(Schein)이거나 실제일지라도 잠깐에 지나지 않는 것인지도 모른다. '사나이'라는 객관적 존재가 그것을 증명한다. 물론 '사나이'는 '나'를 객관화시킨 존재로 이해될 수도 있다. 그렇다고 해서 시인과 '사나이'의 거리가 좁혀지는 것은 아니다. 이와 같은 거리화는 시인이 현재 풍경의 문턱에 서성거리며, 풍경 안의 이상적 자아를 상상적으로 욕망하고 있다는 사실을 명백히 한다.

이것은 이미 「빈집」에도 드러나 있다. 거기서 '나'는 새가 내는 "해빙기 같은 소리"를 "유리창에 얼굴을 대고" 듣고 있다. 풍경의 안에 '새'가 있고 풍경의 바깥에 '나'가 있는 주객 분리의 상황이 벌어지고 있는 것이다. 그러나 이

것은 주객의 완전한 분리는 아니다. 그들을 경계짓는 것이 '유리창'이기 때문이다. 유리창은 차단과 투시의 이중성을 본질로 한다. 그러니까 '유리창'은 '나'와 '새'를 떼어놓으면서도 이어주고 있는 것이다. 그런 '유리창'에 '나'가 "얼굴을 대고" 있다는 것은 '새'로의 전이를, 다시 말해 풍경으로의 스며듦을 강하게 의욕하고 있다는 증거이다. 아마도 「어디로?」는 그런 의욕이 최대치에 다다랐을 때 분비된 심리적 결정체일 것이다.

최하림 시에 늘 끼워져 있는 '유리창'은, 그가 지금·여기의 현실과 풍경의 현실을 냉엄히 구분하면서도 그것을 따뜻하게 교통시킬 줄 아는 각성된 지성의 소유자임을 새삼스럽게 증거한다. 이 투명한 의식은 풍경의 은총 속에 도사리고 있는 삶의 어떤 위기와 위험을 진솔하게 고백하고 성찰하는 시편들의 산란지이기도 하다.

> 더 이상 종달이는 높이 날지
> 않는다 봄날은 지나가버렸다
> 긴 의자에 사람들은 오지 않고
> 시간은 주춤주춤 고장난 시계처럼
> 흘러간다 나는 창문을 빠끔히 열고
> 시간의 자국들을 보고 있다
> [……]
> 오오 포플러들아 포플러들아
> 멈칫거리지 말고 말하라 바람은
> 언제나 흐르는 것이 아니다 바람의
> 날개에는 솜털 같은 은유들이 실려 있고

은유들은 희망도 없이 부서져내린다
—「포플러들아 포플러들아」 부분

앞서 본 시편들에 비해 분위기가 착 가라앉아 있다. 가슴 저린 황홀보다는 왠지 모를 심란함이 짙게 느껴진다. 이러한 정서는 '봄날'의 풍경이 문명에 의해 오염, 파괴되고 있다는 절박한 인식에서 빚어진다. '시간'이 "주춤주춤 고장난 시계처럼" 흘러가는 것처럼 인식되는 것도 이 때문이다. 효율성만을 최고의 가치로 신봉하는 저질의 도구적 이성은 결코 "살고 아파하고 이동하는 것들에 대해/우리는 관심을 하지"(「겨울이면 배고픈 까마귀들이」) 않는다. 타락한 문명의 무자비한 확산은 삶의 위기로 이어지고, 그것은 곧바로 존재와 시의 위기가 된다. 시의 본질과 임무는 세계의 자기화를 통해 존재를 심화하고 확산하는 것에 있다. "솜털 같은 은유"의 원천인 자연의 파괴는 시의 황폐화를 불러들일 것이고, 그렇게 되면 시인이 설 자리 역시 없어지고 만다. 시인이 포플러들에게 찬란했던 과거를 "멈칫거리지 말고 말하라"라고 강하게 주문하거나, "나는 두렵다 나는 눈 뜨고 있다"(「황혼 저편으로」)라고 고백하고, 더 나아가서는 길 위에서 혼자 "떨고 있"는 것(「길 위에서」)도 모두 그런 불안 때문이다. 여기서 '뒤'의 또 다른 의미가 드러났다고 해도 좋으리라. '뒤'는 앓고 있는 풍경을 비추어 보는 거울이기도 한 것이다.

풍경이 처한 처참한 상황에 대한 인식은 그것을 절대적 이상으로 추구하는 대신, 끊임없이 현실의 지평에 올려놓고 바라보기 때문에 가능하다. 현실의 폭력적 원리와 복잡

다단한 삶의 드라마가 제거된 풍경은 아름답지만 공소하기 짝이 없다. 그런 풍경에의 반성 없는 도취는 "세계의 중심에" "배고프게"(「겨울이면 배고픈 까마귀들이」) 서 있어야 하는 시인의 참된 사명감을 기꺼이 밀쳐버리게 한다. 생명 혹은 환경과의 친화라는 명목 아래 남발되는 고상하고 우아한 서정(?)들의 폭주는 그런 불행한 사태가 눈앞의 현실임을 뼈아프게 깨우친다.

    떨림과 멈춤이 거의 동시적으로 되풀이되면서

    속이 들여다보이는 시간들을 빨랫줄에 넙니다

    그게 전부입니다 그 이상 방 안에는 사건이 일어나지 않고

    사기그릇 속의 햇살은 넘치면서 적멸의 소리로 울리지만

    소리들은 영토를 넓히지 못하고 울타리 안에서 사라져갑니다
                                  —「손」부분

  풍경과 관련된 시인의 불안은 문명의 침탈이라는 외부적 조건에 의해서만 생겨나지는 않는다. 그것은 "사기그릇에 찰랑찰랑 넘"치는 햇살이 울리는 "적멸의 소리"를 영원히 봉인할 수 없는 언어의 한계에서, 또한 그것을 기록하는 시인의 유한한 삶에서 생겨나기도 한다. 흐르는 풍경의 완전성은 오히려 그 한계들을 더욱 선명하게 부각시킨다. 하지만 그것을 대하는 시인의 태도는 매우 담담하다. 그것

을 턱없이 과장하거나 아무렇지 않게 회피한다면, 시는 더 이상 씌어질 수 없기 때문이다. 그래서 시인은 늘 기다리는 것인지도 모른다. "햇빛 속으로 찰랑찰랑 흘러가는 나"(「햇빛 한 그릇」)가 저절로 시로 걸어 들어올 때까지를. 하긴 '흐르는 풍경'이 허락하는 큰 은총 가운데 하나가 보채지 않아도 제때 찾아드는 시간의 순연함임에랴.

 최하림의 풍경 참여는 삶의 이편을 결코 이탈하는 법이 없다. 기쁨과 탄식, 황홀과 비참, 몰입과 반성이 공존하는 '풍경 뒤의 풍경들'은 그대로 우리 삶의 한 상징이 되기에 충분하다. 『풍경 뒤의 풍경』을 인간적 풍경의 보물 창고라고 불러도 좋을 이유가 여기에 있다. 실체가 빈약한 화려함이, 뒤돌아보지 않는 찬탄이 풍경시의 내일을 넘보는 얄궂은 풍토에서 이만한 솔직성과 균형 감각은 그리 쉽지 않다. 어디선가 "빈 하늘을 회오리처럼 울"(「다시 빈집」)리고 있을, 이 시집의 '뒤'에 오는 풍경들은 그래서 더욱 기다려지는 것이리라.